Михаэль Бабель

ПРОЩАЙ, ИЗРАИЛЬ...

или

ПОСЛЕДНЯЯ УТОПИЯ

Иерусалим

2000

Михаэль Бабель. Прощай, Израиль… или Последняя утопия

П. я. 23229, Иерусалим, 91231

Michael Babel. Farewell, Israel… or The Last Utopia

P.O.B. 23229, Jerusalem, 91231

Своими книгами я обязан тем, кто мешали мне жить, –
двум кэгэбэ: один – там, второй – здесь.
His books I owe to those who bother me – two KGB:
one – there, the second – here.

КГБ – это убийства, если одним словом. (М.Б.)
KGB – a murder, if in one word. (M.B.)

Уцелевшие евреи всех стран, соединяйтесь! (М.Б.)
Ожидание бродит по нееврейскому государству –
ожидание еврейского государства. (М.Б.)

1. РОДИНА ЖЕНСКОГО ИНТЕРНАЦИОНАЛА

Писатель Юлий Марголин (1900-1971) – ярый антикоммунист, сионист и человек, написавший несравненную книгу о сталинском гулаге, в статьях давних 50-ых свидетельствует.

«В 32-м году двадцатилетним парнишкой Н. влюбился в польскую девушку, что случается и с самыми крайними сионистами». (Из статьи 1957 г.)

И не только с крайними сионистами, но и с основоположниками сионизма.

И вот полячка и Н. едут в Израиль.

«Обыкновенная по нашим временам история».

Обыкновенная – значит, все так делают. Делали и будут делать.

«В Израиль за последнее время прибыли тысячи семей, где муж или жена – нееврен. Как записать их?» (Из статьи 1958 г.)

Как записать? – честный вопрос большого писателя и неверующего человека.

Проблема записи – только если еврей (?) привёз нееврейку да ещё с детьми. Какая это проблема для государства? Большая? Очень? Что значит – тысячи? Когда говорят тысячи, – значит, очень много тысяч. Семей. А с детьми? Тысячи, тысячи...

И только «за последнее время». Газета – дело живое: сегодня статья пишется, завтра – публикуется. Последнее время – в статье измеряется неделями. Эти тысячи-тысячи неевреев из 1958 года.

Многие тысячи нееврееек или неевреев?

«Характерно обилие смешанных браков: тысячи польских женщин приехали со своими мужьями». (Из статьи 1959 г.)

«Обилие», то есть подавляющее большинство – смешанные браки.

«Характерно обилие» – сказано про всех, не только про семьи из Польши.

Вот такие – смешанные браки. С нееврейками! И снова: тысячи. Значит, – многие тысячи. Нееврееек. А с детьми? Тысячи, тысячи.

Эти тысячи-тысячи нееврееек из 1959 года.

О тысячах неевреев (нееврееек!) не было сообщений Статистического управления или Сохнута (Еврейского агентства).

Если бы такие цифры были, честный писатель взял бы их.

В тот год и предыдущие восемь подавляющее большинство прибыло из Северной Африки.

Про полячек понятно – писатель из Польши, умеет отличить полячку от еврейки. А что с марокканками? И вообще с женским интернационалом? Большой художник обобщает только то, что хорошо знает.

«Смешанные браки – между евреями и неевреями – здесь не представляют редкости». (Из другой статьи за 1959 г.)

Про смешанные браки и так понятно из предыдущей статьи, а в этой статье и в этой фразе интересно слово «здесь». У него только одно значение: смешанные браки «здесь не представляют редкости» – ещё и до новозавезённых смешанных браков. С нееврейками, конечно.

Про тысячи неевреев разных понятно. А вот про румынов, казалось бы, совсем непонятно.

…«возмущаются тем, что в школах навязывают их детям изучение Танаха»… (Из первой приведённой статьи за 1959 г.)

Что это вдруг? Совсем немного были под большевиками. И уже возмущаются Танахом?

Евреи возмущаются?

Это после большой еврейской катастрофы?

Румынские товарищи, в отличие от советских товарищей, вели разумную политику: продавали израильским товарищам по тысяче долларов за штуку. Была ли штука или нет, но обязательно прикладывали ещё одного-двух румынских воров (за нехваткой тюрем) и одного-двух из секретной службы (в награду и для продолжения службы в облегчённых условиях) – и тоже по тысяче долларов. Понятно, что истые румыны возмущались Танахом.

Прошло тридцать лет. Еврей из Кишинева безошибочно определяет, еврей ли прибывший из Румынии. Объехал несколько ульпанов, где проживали румыны, евреев он почти не видел. Ничего не изменилось.

Писатель Марголин прошёлся, и не раз, по Сохнуту: «В 'Еврейском Комитете" в Тегеране, где Милюхина год мыла полы и никакой работы не боялась, ей предложили со всей семьёй, если желает, место в самолёте в Израиль. Таким образом Милюхины прибыли в порядке иммиграции персидских евреев... Милюхины – молокане».

А если говорить просто – русские.

Рядовой читатель таких статей Марголина не читал. Ярого антикоммуниста в государстве не жаловали. Чтобы прожить, он печатался, в основном, в Америке и в Европе.

Перед Второй мировой войной много евреев из Восточной Европы сослали в отдалённые районы тюрьмы народов. После войны и смерти «отца народов» они возвращались в свои края и далее – в Израиль с туземными красавицами, которым хотелось заграничной жизни. Еврейки в тех краях не водились.

В 1973 году большие группы активистов и знаменитостей алии пересекали границу Израиля в аэропорту Бен-Гурион. Кто только не вёз нееврейку?!

Легче было считать редких евреек.

Из Бен-Гуриона вышло евреев больше, чем вошло.

Помимо заграничных публикаций Марголина, местных свидетельств о массовом завозе неевреев (неевреек!) – нет. И не могло быть. Местные отцы, по примеру отца народов, имели послушную прессу.

Она, уже и без отцов, – послушная: ни-ни о массовом завозе неевреев (нееврееек!).

2. РОДИНА НЕЕВРЕЕВ И АНТИСЕМИТОВ

В 1988 году начался обвал СССР, и открылись границы для беспрепятственного завоза неевреев.

Об этом, как положено, молчали газеты, радио, телевидение.

Но появились эпизодические публикации об антисемитизме. Это письма в газету, жалобы в полицию – чего не было во времена Марголина.

Факты антисемитизма дополняют свидетельства о завозе неевреев.

1990 год. Пишут в газету из центра абсорбции в Герцлии: «К нам в центр приехали десять мужчин в возрасте от 18 до 40 лет, которые открыто заявляют о том, что они не евреи, а метрики с еврейскими фамилиями купили, чтобы вырваться из СССР. Сейчас наша жизнь в центре превращается в настоящий кошмар. Вновь прибывшие постоянно пьянствуют, скандалят со старожилами, открыто называют нас «жидами» и заявляют о своей ненависти к Израилю и еврейскому народу».

Долгие годы пишут, жалуются, сообщают об антисемитизме.

Иерусалим – на здании «Биньян Клаль» надпись: «Смерть жидам, слава России!», ниже знак «СС» – на русском языке. Нетания – на кинотеатре «Шарон» свастики и надписи: «Да здравствует великий Гитлер!», «Конец евреев близится!» – на русском. Ашкелон – на стенах школы свастики и антисемитские надписи, во многих местах Ашкелона свастики и надписи: «Смерть жидам!» – дело неевреев из СНГ. Кирьят-Ям – погром в синагоге – дело неевреев из антисемитской организации. Бней-Брак – погром в трёх синагогах, на стенах свастики и надписи: «Да здравствует Гитлер!» – дело неевреев. Кирьят-Гат – в окно синагоги брошен огонь – дело русскоговорящих. Бейт-Шемеш – на территории кладбища разведены костры из инвентаря служебного помещения. Хайфа – футбольный матч сборных Израиля и России, крики с трибун: «Бей жидов!» Хайфский пляж – трое русскоговорящих с татуировками свастик. Арад – свастики на синагоге и на зданиях. Кирьят-Шмона,

Хацор – банды бритоголовых бравируют нацистской символикой и лозунгами, их неонацистская деятельность пока сводится к тому, что они нападают на прохожих и избивают их. Петах-Тиква – из полиции сообщили, что у них (только у них!) зарегистрировано около 40 (сорока!) антисемитских акций за два месяца. (Из материалов «Центра информации и поддержки пострадавших от антисемитизма».)

Список бесконечный.

Сын антисемита – антисемит.

Сын иммигранта нееврея-антисемита – уже не иммигрант, но антисемит. Это его дом. Это его земля. А эти жиды – что им здесь нужно?

«Центр информации» собрал за последние несколько лет многие сотни сообщений пострадавших, которые осмелились открыть рот. Большинство пострадавших молчит: боятся публикации своих имён, свидетельствовать против антисемитов, опасаются мести.

Боятся евреи неевреев.

В Израиле!

Неевреи не боятся евреев.

Никогда.

Вопрос: чей сегодня Израиль?

Школьный учитель проводил традиционный урок памяти в день Катастрофы. Ученики – подростки из школы в Крайот, дети прибывших последней большой не582еврейской волны. Как выяснилось (чего тут выяснять?), о Катастрофе большинство из них не слышали никогда. На их родном языке учитель рассказал об истории европейского еврейства. Потом задал вопрос: в чём, по мнению ребят, кроется причина антисемитизма? Класс буквально взорвался ответами: «Евреи за копейку удавятся», «Евреи – хитрые и пронырливые», «Евреи думают, что они самые умные, всех остальных они считают дураками». Учителю-еврею стало плохо.

Молодые – зелёные, вот и проговорились. Подрастут – замолчат до нужного часа.

А час настанет.

Их звёздный час.

Они об этом знают.

Евреи не знают...

Учитель сокрушается, что в классе всего два еврея.

Преподаватель ульпана сокрушается, что в группе только два еврея.

Воспитатель сокрушается, что в привезённой молодёжной группе лишь два еврея.

В таких группах не умирает древняя считалка, пережившая много поколений антисемитов: сколько-время-два-еврея-третий-жид-по-веревочке-бежит.

Жутко наблюдать такую группу во дворе «Яд ва-Шем» у памятных деревьев с памятными надписями: такой же, как они, что-то вякает на их родном языке, а мальчики пощипывают девочек за попки с серьёзными лицами – угадай-ка. Девочки угадывают.

Что должен читать по этой теме рядовой читатель, решала и решает власть, только поочередно: то левая, то правая, то право-левая, то лево-правая. Ежегодное бодренькое сообщение статистического управления: 80% – евреи, 20% – арабы, друзы, бедуины, черкесы, армяне.

И малость каких-то неевреев.

Иногда.

Для демократического плюрализма.

У руководителя амуты «За сохранение и укрепление еврейского состава израильского общества» хранятся публикации о наводнении еврейского ишува неевреями за последние сто лет.

Из публикации о немках: «Были люди, знавшие, что Н. нееврейка. Подобные вещи держались в секрете, лишь из уст в уста передавались личные детали в то время, когда всё было подчинено национальному и коллективному, и всякая необычность скрывалась. Однако с началом войны против нацистов британцы интернировали всех вражеских подданных, задержана была и Н. По имевшимся у них спискам британцы убедились, что она немка-нееврейка. Тогда же выяснилось, что были у детей на Кармеле матери арийки, которые не принимали еврейства, и в классе вдруг пошли разговоры о том, что несколько пап ездят навещать мам в «лагере» – так назвали место заключения возле реки Кишон».

10

(«Маарив», 16.12.1994.)

От англичан не скроешь.

И от арабов не скроешь.

И не нужно скрывать.

Но от евреев нужно скрыть.

Вот евреи и не знают, что судят их неевреи, потому что "еки", настоящие и ненастоящие, активно подались в судебное дело.

Судят неевреи евреев.

А русские из бывшего «от края и до края» активно подаются в полицию, потому что любят власть. Над другими.

И приведут к судье, и уведут от судьи, и запрут на замок – тоже неевреи.

Интересный вопрос. Англичане интернировали немцев (немок!), ну, скажем, сотни и сотни. А как Израилю интернировать сотни тысяч, если что-то подобное случится с Россией?

Чудесные превращения с нееврейками и их детьми в воздушных и морских портах Израиля со времён Марголина и раньше создают неудобства всего один и последний раз в жизни, когда надо привести двух свидетелей, чтобы получить право на хупу.

Молодые люди с еврейскими фамилиями отцов, с ивритом еврейских школ и университетов, с еврейской национальностью в паспортах, а у мужчин ещё и с доказательством в брюках, – женятся за пределами государства Израиль в туалетах (ЗАГС – запись актов гражданского состояния).

Каждый год тысячам таких молодых людей удаётся привести доброхотов-свидетелей, признают чиновники, сидящие на этом деле. Но ещё большим тысячам приходится играть в игру «против религиозного диктата» и отправляться в заграничные туалеты.

В светлом царстве коммунизма, если родители-евреи переделывались в неевреев, то это удавалось им скрыть даже от кэгэбэ, но только не от детей.

Дети всегда знают о родителях чуточку больше, чем родители друг о друге.

Переделанные в неевреев умные дети, становясь взрослыми, порой бывали, для пользы своего дела, антисемитами в светлом царстве коммунизма.

В светлом царстве сионизма дети не глупее.

Переделанные в евреев умные дети, повзрослев, поголовно становятся антисемитами в светлом царстве сионизма. И не во вред своему делу, такое не вредит в демократическом государстве, даже наоборот.

В светлом царстве сионизма они – неевреи.

И борются за предоставление гражданства неевреям – родственникам неевреев, получившим гражданство как родственники неевреев, подпавших под закон о возвращении (то есть против евреев); борются с засильем религиозных (то есть против евреев); борются с поселенцами и поселениями (то есть против евреев); борются за право террористов зарабатывать среди их будущих жертв (то есть против евреев); борются за мир сейчас с жестоким врагом евреев (то есть против евреев); борются за тотальное отступление евреев в сторону порта и аэродрома (то есть против евреев).

3. ДЕМОКРАТИЯ И ЕВРЕИ

Среди завозимых неевреев попадаются евреи и большие еврейские семьи: мама и папа с молодым женатым сыном, да ещё мама и папа привезли своих родителей – всего восемь человек, все евреи, кроме одного – жены молодого сына.

По государственно-сохнутовской статистике в этой семье 87,5% – евреи и только 12,5% – неевреи.

Но еврейство в этой семье кончилось: скоро родятся неевреи.

Или уже родились.

Еврейство просто так не кончается.

Конец еврейства порождает неевреев.

Такое вот оно – еврейство при очень благоприятной цифре 87,5% евреев среди завозимых. А каково оно, еврейство, при очень неблагоприятной цифре 87,5% неевреев среди завозимых?

Для евреев государственно-сохнутовская демократическая статистика не подходит. Она не заботится о евреях, она их обманывает. Даже прекрасная цифра 87,5% евреев оказывается катастрофой для евреев.

Евреям подходит только еврейская статистика, которая беспокоится о выживании евреев.

Демократия и еврейство не совместимы.

Евреев и еврейство уничтожают и демократическим путём.

Демократия – изобретение неевреев.

Нееврейское дело – заниматься демократией.

Но нет в мире больших демократов, чем евреи.

Демократия начинается с демократических выборов.

В настоящих демократиях предоставляют право голоса не автоматически.

Требуется знание языка.

Требуется знание местной политической жизни.

Требуется многолетний испытательный срок.

Требуется присяга на верность.

И ещё, и ещё.

Настоящая демократия – нравственна и моральна.

Предоставление права голоса автоматически – безнравственно и аморально.

Потому что такой голос легко обмануть.

Потому что такой голос дёшево купить.

Это наследие отцов-основателей, которые хотели таким путём всегда оставаться у власти.

Безнравственность и аморальность тянут за собой безответственность.

Настоящая демократия ответственна – заботится о самосохранении.

Предоставление права голоса автоматически – безответственно.

Потому что такой "голос" может желать окончательного решения еврейского вопроса.

Демократия начинается с демократических выборов.

На недемократических выборах демократия кончается.

То есть такое государство – недемократическое.

А то, что в нём называется демократией, есть тоталитарная демократия, как была тоталитарной самая передовая демократия в мире – советская.

Досталась она от отцов-основателей и не исчезает с их уходом.
И не исчезнет.

Не выкорчевать её революцией.

Не перестроить "перестройкой".

Не перевоспитать заклинаниями.

От этой заразы не избавиться.

Сидит она в каждом.

Для которых демократия – идол.

Еврейской статистике нет места в тоталитарной демократии, она немедленно будет ошельмована в качестве расистской.

4. ЕВРЕЙСКАЯ СТАТИСТИКА

Соотношение между способными родить еврейками и нееврейками – есть еврейская статистика.

В ней не заинтересованы: безразличные к завозу неевреев; борцы за завоз неевреев; озабоченные диким размножением арабов внутри государства Израиль и отсутствием евреев, желающих переместиться в государство Израиль; заинтересованные в голосах неевреев; зарабатывающие на сборе пожертвований на привоз евреев(?), зарабатывающие на привозе евреев(?),зарабатывающие на обслуживании привозимых евреев(?); зарабатывающие на увеличении потребления возрастающего населения; делающие политический капитал на любви к следующему миллиону евреев(?).

Успокаивают общественность двумя пилюлями: первая – пройдёт время, и неевреи «будут, как мы»; вторая – неевреи примут еврейство.

Условие задачи: в государстве живут миллион евреек и миллион нееврек, которые могут родить. У каждой женщины есть или будет свой муж или мужчина (еврей или нееврей – не имеет значения), от которого она родит.

Решение задачи: миллион евреек родят по два ребёнка, и будет миллион девочек-евреек и миллион мальчиков-евреев. И миллион нееврек родят по два ребёнка, и будет миллион девочек-нееврек

14

и миллион мальчиков-неевреев.

Ответ: число евреек, 50%, и нееврейек, 50%, не изменилось.

И в следующем поколении количество евреек и нееврейек, которые могут родить, тоже не изменится от кого бы ни родили еврейки и неврейки.

Неврейки, в отличие от неевреев, естественным путём не исчезают.

Но, может быть, приняв еврейство, они исчезнут?

Если количество принимающих еврейство останется на обычном уровне пять тысяч человек в год, то для живущих сегодня в государстве Израиль неевреев потребуется половина тысячелетия.

В хорошие времена царя Шломо в евреи не принимали.

Обычно в евреи принимали во времена гонений на евреев: когда их сжигали на кострах, сдирали с них шкуру живьём.

В такие периоды разрешённого приёма в евреи количество принятых измеряется единицами. Ну, например, во время нацистского и коммунистического гонений на евреев – сколько их было? – желающих стать евреями.

Разве видел кто-нибудь в государстве своего прежнего проживания хотя бы одного нееврея, который хотел быть евреем?

Дать им походить в евреях в местах, откуда они прибыли. Пару лет. Всего. А так как на лице никаких признаков еврея, то нашить на одежду жёлтые звёзды, чтобы вся округа видела, что идёт еврей.

Сегодня не так хорошо, как при царе Шломо, но тоже хорошо: в государстве Израиль полно водки и свинины. А вокруг государства много всяких голодных.

Значит в евреи, как во времена царя Шломо, не принимают.

А если приняли, то это не считается. Ну, хотя бы не считать за евреев тех, кого приняли в евреи после отмены продовольственных карточек.

Как хорошо в своё время КГБ защищал маленькое государство от неевреев: "Ты что, к жидам подался? Родину предаёшь?" И кулак под нос!

Чтобы не лез всякий отщепенец.

Посылали и пошлют в нужных количествах, в нужное время и

нужного качества, и без всяких там отщепенцев.

Время которых тогда ещё не пришло.

Владимир Даль, «Толковый словарь»: «Отщепенец, –инка – отщепившийся по разномыслию от общества, паствы, церкви; раскольник, отступник, еретик».

Но оно пришло – время отщепенцев.

Отщепенцы от своих и от чужих.

И их миллионы.

И они уже здесь.

Соотношение между способными родить еврейками и нееврейками является соотношением между евреями и неевреями в государстве Израиль в близком будущем.

Сегодняшнее это невидимое соотношение станет видимым, когда пожилые, завезённые в большом количестве и, в основном, евреи, естественно убудут (ад мэа вэ-эсрим).

Оно ещё больше станет видимым, но только не так уж быстро, – когда убудут молодые, привезшие нееврейку, – убудут (ад мэа вэ-эсрим) вместе со своей нееврейкой, а после них останутся родившиеся от них неевреи.

Вот тогда-то вдруг (совсем не вдруг!) обнажится невидимое сегодня соотношение между евреями и неевреями в государстве Израиль.

5. СОВРЕМЕННАЯ КАТАСТРОФА ЕВРЕЕВ

В период глобальной ассимиляции демократическая статистика скрывает уже произошедшее катастрофическое, невиданное у других народов, уменьшение евреев в мире и в государстве Израиль.

Про уничтожение шести миллионов евреев во время мировой войны известно в многочисленных памятниках, музеях, книгах, фильмах.

А кто знает про исчезновение после мировой войны ещё десяти миллионов евреев?

Сборник «Население» центрального статистического

управления за 1999 г., страница 2–11, таблица 2.3, заголовок – «Еврейское население в мире и в Израиле»:

«7,800,000 – евреев в мире в 1882 г.,

15,900,000 – евреев в мире в 1933 г.»

За этот период в 51 год были разные войны и Первая мировая, в которых евреи погибали с двух сторон.

Были разные революции и большевистская, в которых евреи приняли активное участие, отдавая свою жизнь за светлое будущее всего человечества.

Была гражданская война красных и белых в России, в которой красные и белые резали евреев.

Была дикая ассимиляция в тени знамён свободы, равенства и братства.

И тем не менее, за этот период в 51 год евреев стало на 103,8% больше.

А вот другой период и тоже в 51 год:

«11,500,000 – евреев в мире в 1948 г.,

13,192,000 – евреев в мире в 1999 г.»

За этот период в 51 год не было ни мировой войны.

Ни революций.

Ни гражданских войн.

Ни погромов.

Не было никакого насильственного уничтожения евреев.

И за этот хороший период в 51 год евреев стало на 14,7% больше.

Если бы евреи в этот хороший период размножились, хотя бы как в тот страшный период мировых потрясений, то их было бы в конце 1999 г. – 23,442,000, а не 13,192,000.

Куда делись десять миллионов??

Небольшая пауза в память десяти миллионов – отпавших, уведённых или задушенных противозачаточными средствами.

Произошла катастрофа еврейского народа.

Не путать с катастрофой европейского еврейства.

На самом деле она ещё большая, ведь цифры взяты из демократической статистики. А все статистики врут.

Половина этой катастрофы – пять миллионов – на совести

самого благополучного американского еврейства, политиканы от которого из года в год шумят о шести миллионах евреев, якобы проживающих там. Но на их совести ещё больше, ведь сколько евреев туда драпануло, а оттуда?!

6. СОХНУТ И НЕЕВРЕИ

Два руководителя Сохнута – одиннадцатый, лево-правый, и двенадцатый, право-левый, – откровенны, с опозданием на пятьдесят лет: в мире почти все браки смешанные, и в государство Израиль прибывают много неевреев. Виноват в этом не Сохнут, а Закон о возвращении – законы же издаёт кнессет. Если, однако, ужесточить закон о возвращении, то евреи вообще не приедут, потому что в мире почти в каждой еврейской семье не без нееврея. Но всё-таки евреи пока ещё есть. Надо, чтобы ехали, – пусть едут, не надо им мешать.

Такова логика государственных деятелей.

А действительность, конечно, другая.

Возникшие в ассимиляции еврейские половинки, четвертинки и осьмушки по матери – они-то не едут. А едут нееврейские половинки, четвертинки и осьмушки по отцу.

Ехать может всё прогрессивное человечество – только не все об этом знают. Но голод и неурядицы открывают глаза, что можно ехать не только со славяночками из стран несостоявшегося коммунизма, но и с индианочками, негритяночками, мулаточками из стран вечного карнавала.

Сегодняшние «евреи» – Русланы и Крестины – полукровки, четвертинки и осьмушки, – после своих нееврейских прадедов, дедов и отцов похожи на еврея, как Ваня с Пресни.

Как легко узнавались евреи ещё во вторую мировую войну! – никому не удалось уйти от преследователей: немцев, украинцев, поляков, русских, прибалтов.

Радетели завоза узнаваемых неевреев и неузнаваемых евреев предлагают воспитывать (?) их ещё там, в местах рассеяния по всему миру – лучшая реклама Закона о возвращении среди неевреев мира!

7. ПРЕМЬЕРЫ И НЕЕВРЕИ

Кто-то говорит, что по отцу – тоже еврей.

Кто-то говорит, что не только тоже, а именно по отцу.

Кто-то говорит, что все, кто приезжают, евреи.

Что сказал об этом первый премьер-министр, а он не мог не сказать какую-то глупость, сегодня не интересно.

Но вот что сказал двенадцатый премьер-министр: с 1993 года в государстве проживает его племянница, она привезла своего внука нееврея, он отслужил в армии, учился в университете, чувствует себя прекрасно; этот случай не единственный, есть и другие; если приезжает человек, который ощущает, что у него есть духовная связь с государством Израиль, честь ему и хвала.

Чего только не скажешь, чтобы получить голоса и этих (а голосов – ух как много!) для заветного кресла.

Не защищают премьеры еврея от ножей, пуль, ракет, взрывчатки и самое страшное – не защищают от нееврея.

Везут премьеры неевреев.

На еврейские деньги везут.

Дают по беспомощности. Дают по бездомности. Дают по болезням. Дают по безработице. Дают неполным семьям. Дают многодетным семьям. Дают бесплатное образование. Дают бесплатное лечение. Дают алкоголикам. Дают наркоманам. Дают извращенцам. Дают на тюремное содержание. Дают машканты. Дают ссуды. Дают по старости. Дают на похороны.

Дают и везут.

Везут и дают.

Дают еврейские деньги.

Неевреям.

Такие премьеры в государстве – вся их премудрость от пуза.

И выбирает еврей не премьера, а меньшее зло из двух зол.

Но кто знает, какое зло меньшее?!

8. ТОРА И НЕЕВРЕИ

А над всеми пузами есть, однако, высшая инстанция – Тора:

«И не роднись с ними: дочери твоей не отдавай за сына его и дочери его не бери за сына твоего, ибо отвратит он сына твоего от Меня»… (Дварим, 7:3–4.)

Комментарий Раши:

«Сын нееврея, который возьмёт дочь твою, отвратит сына твоего, которого родит дочь твоя, от Меня. Отсюда учим, что сын дочери твоей от нееврея называется сыном твоим. Но сын сына твоего от нееврейки не называется сыном твоим, но её сыном. Ведь не сказано: дочери его не бери, ибо отвратит она сына твоего от Меня, но сказано: отвратит он сына твоего»…

Пустое дело спорить с Раши. Не победить его никаким демократическим путём: ни на демократических выборах, где голосуют и неевреи; ни демократическим опросом нееврейского народа; ни решением демократического суда нееврейского, потому что евреям дан закон только Торы.

От смешанных браков ничего не остаётся: дети нееврейки – неевреи, а детей еврейки – уводят. Ничего не остаётся – ни половинок, ни четвертинок, ни осьмушек.

Нееврей уводит. Рождённых от него еврейкой по месту своего проживания, Это только из-за голода и разрухи в некоторых местах проживания попадают уводимые и уводящие в государство Израиль.

А тысячи евреек, которые оказались в государстве с ребёнком без уводящего его нееврея, они ведь не идише мамэ – доуведут и сами доуведутся.

Хорошо уводить и уводиться здесь.

Демократия!

Свобода!!

Выбор!!!

А еврей приводит свою нееврейку и её детей заниматься сионизмом: разрушать остатки еврейства в государстве Израиль.

Еврей, живущий с нееврейкой за пределами государства Израиль, борется с чёрте чем и чёрте за что.

В государстве же Израиль он борется за «права» своих

нееврейских детей и нееврейских внуков, – прав, которых никто не отнимал: то есть борется с евреями и еврейством.

9. ГОСУДАРСТВЕННАЯ ТАЙНА № 1

Евреи, живущие за пределами государства Израиль, защищены от конфликта с отошедшими от еврейства, которые или стыдятся, или презирают, или ненавидят евреев. Отношение к евреям – их частное дело во всех странах, где евреи национальное меньшинство. И никакого общественного интереса к паранойе.

В государстве же Израиль евреи не защищены – конфликт с отошедшими от еврейства неизбежен.

И сколько бы ни говорили честно или для красоты: «Не дай Б-г, еврейские войны!» – не избежать: кто – кого.

В помощь Сохнуту работает огромная международная индустрия криминала по отправке неевреев заниматься сионизмом.

Еврей, гордый за своё еврейское (?) государство, уверен, что главной тайной является тайна о его ядерной мощи.

Но главной тайной является тайна о его слабости – нееврейское государство и едут невреи.

И борьба в государстве не вокруг нееврейских родственников евреев, а вокруг нееврейских родственников неевреев, которые прибыли на законном основании. Такие законы в еврейском (?) государстве.

В армии каждый пятый – из новоприбывших 1990–1999 годов – особенно огромной нееврейской волны, то есть каждый пятый солдат – нееврей. Это только из новоприбывших, не считая староприбывших неевреев.

В армии нееврей-антисемит обслуживает военные самолёты.

На гражданке ещё хуже.

Тому, кто владеет русским языком, уже давно понятно, когда впервые, в ответ на просьбу или жалобу, услышал: «Я говорю тебе русским языком!»

Всё равно, как сказано: языком или глазами.

И всё равно, на каком языке, если в глазах не теплится еврейская душа.

Это на гражданке пострашнее, чем в армии недокрученная гайка самолёта.

Пострашнее арабских ракет.

Ракеты можно остановить ещё до границы.

А эти – внутри.

Их не выставить за границу.

Арабы, внутри государства Израиль и снаружи, лучше евреев знают о его слабости.

Поэтому стратегия арабов: никакой войны, только давление – изнутри и снаружи.

Время работает на них.

Победно умеют воевать все.

А вот непобедно: сможет ли армия, наполовину из неевреев, воевать не проигрышно, но и не победно? То есть тяжело.

Конечно, не сможет.

И дело не в неевреях – с ними всё ясно и без подробностей – а в евреях: в нееврейском государстве, в нееврейской армии, среди антисемитов еврей не скажет: "Тов ламут беад арцейну!"

Поэтому стратегия нееврейского государства Израиль совпадает со стратегией арабов: никакой войны.

Чтобы можно было купить билет.

10. ПОСЛЕДНИЕ ЕВРЕИ И НЕПОСЛЕДНИЕ НЕЕВРЕИ

Очень скоро сойдут последние бронтозавры сионизма (ад меа ве-эсрим).

За ними последуют еврейские принцы в кнессете (ад меа ве-эсрим).

Сходит последнее, ещё еврейское, поколение.

Кнессет заполнят «новые сионисты». Термин запатентован в статье «Новые сионисты – "Исраэль ба-алия"». (2.05.1996.) Автор – главный «новый сионист» – с кепочкой в руке, как тот плюгавенький, но пока не на броневичке.

«Мы взяли на себя целый ряд обязательств по защите прав…

22

также и неевреев». (Из интервью газете за 20.06.96 главного «нового сиониста» – основоположника нееврейского сионизма.)

Он первый начал пужать «мировым еврейством», которое отвернётся от государства Израиль, если не пущать неевреев.

Он не смешон. Смешно нееврейское «мировое еврейство», за которым не стоит даже миллион, и поэтому оно не страшно.

А страшен он и своры врывающихся в кнессет на невреях, за которыми стоит не один миллион.

Это он, «новый сионист», обещал миллионам неевреев быть премьером, если приедет на помощь ещё миллион.

Неевреев, конечно.

Ведь евреев там давно уже нет.

Обещал в чужом государстве, чужому народу, на чужом языке.

Заверил их.

А им осталось собраться только.

Всегда готовы!

Неевреи не позволят изменить закон о возвращении, который для еврея ещё представлял интерес при создании государства, но за отсутствием желающих переселяться евреев, закон потерял всякий смысл для еврея, потому что не еврейское дело – выяснять, какой нееврей лучше для еврея. Например, в бандах богдана хмеля в погромах 1648–1652 годов в Малороссии особенно зверствовали рождённые нееврейкой от еврея.

Неевреи оживят работу нацистских партий, которые пока только и умеют, что запугивать обывателя с экрана телевизора чёрными шляпами харедимных евреев. Самым демократическим путём, через кнессет, установят антиеврейское законодательство, а на улицу выведут нацистских молодчиков, рождённых на Святой Земле.

За ненависть к арабам не пущают в кнессет, приклеивают страшные ярлыки, судят.

За ненависть к евреям – ни-че-го.

Животная ненависть к еврею, как пивные дрожжи Мюнхена, увеличивает неприметную, маленькую партию, на знамени которой – ненависть к еврею, а партийный фюрер предпочитает иметь сыном гомосексуалиста, но не набожного еврея.

Это привлекает и отошедших от еврейства.

Привлекает от других партий со скучной, казённой ненавистью к еврею.

Привлекает неевреев, которые никогда и ни за каких жидов не голосуют, а за такую партию – с преогромным удовольствием.

А пока «интеллигенты» от радио, телевидения, газет спрашивают новозавезённых: почему у вас своё государство в государстве – свои магазины, свои партии, свои газеты, своё радио-телевидение, свои школы, свои концерты – всё своё? Отвечают новозавезённые: мы другие, у нас другие волосы, другой рост. Идиотизм вопросов-ответов неинтересен.

Интересно полное отсутствие слов: еврей, еврейский, по-еврейски.

11. ПРОГРАММА ВЫПОЛНЕНА!

Выполнена программа-минимум «отца народов», кэгэбэ и великодержавной России – то, что не удавалось им, вооружая многочисленных врагов государства, сделано демократическим путём: создана огромная внутренняя база давления – завезённые неевреи, и настежь открыты ворота неевреям, в первую очередь из России, голодной, неустроенной и антисемитской, в которой миллионы неевреев подпадают под Закон о возвращении.

Потерян единственный шанс спасения для "еврейского" государства – завозить босые африканские племена, которые об евреях не слышали.

Следующий этап – промежуточная программа: требования территориальной независимости для неевреев, обращения к России и ООН, защита Россией законных прав её выходцев, террористические акции.

Заключительный этап – программа-максимум: территориальная автономия неевреев; изгнание еврейского меньшинства из зон нееврейского большинства; оттеснение евреев и верных им военных подразделений в два гетто – в Иерусалиме и в Бней-Браке с коридорами к Бен-Гуриону для свободного выезда в международные лагеря для перемещённых лиц. Под международным контролем и при участии красного креста.

Программа-максимум раскрутится сразу после обвала.

12. ДВЕ УТОПИИ

В последнем столетии в мире были две утопии, построенные еврейскими утопистами, побежавшими за двумя призраками: один бродил по Европе – коммунизм; другой бродил по Святой Земле – сионизм.

Первая просуществовала семьдесят лет. И обвалилась, когда стало ясно, что она не то, за что себя выдавала. «Нынешнее поколение советских людей будет жить при коммунизме» – оказалось последним вариантом наглой лжи.

Следующего варианта уже не хотелось.

За семьдесят лет надувается и лопается наглая ложь.

Все помогают её надувать:

Так надо!

Но сама-то идея – правильная!!

Мы придём к победе (коммунизма сионизма, миризма, демократизма и т. д.)!!!

Вторая утопия, по аналогии с первой, просуществует тоже семьдесят лет, до 2018 года.

Когда лопнет наглая ложь: «Нынешнее поколение еврейских людей будет жить в еврейском государстве!» – станет ясно, что государство-то нееврейское.

Тогда и произойдёт обвал.

Этим заканчиваются утопии.

Главный разбойник, свободно гуляющих по государству разбойников, объявил свою дату обвала – 2027 год.

Удивительно, как такого пессимиста разбойники держат за пахана?

Есть учёные, которые находят вирус утопии. Этот страшный вирус навалился на евреев, побежавших за призраками (идолами).

На этом маленьком клочке земли высочайшая в мире

концентрация этого вируса.

Утопистами не рождаются.

Но утопистами умирают.

13. «МЁРТВЫЕ ДУШИ»

Незадолго перед обвалом: сколько евреев в последней утопии?

В большой семье, где семь евреев и одна нееврейка, но только она родит и в будущем евреев не будет, – семь евреев – мёртвые души (ад меа ве-эсрим).

В маленькой семье, где один еврей и одна нееврейка, но она родит и в будущем евреев не будет, – один еврей – мёртвая душа (ад меа ве-эсрим).

В семье стариков, где одни евреи и в будущем евреев не будет, – все евреи – мёртвые души (ад меа ве-эсрим).

Давно родилась сказка про еврея, которому и там и здесь – везде плохо. И хорошо ему только в самолёте. Тогда это было смешно. Прошли годы. Тысячи сделали сказку былью: живут там, где им плохо; летят в самолёте, где им хорошо; получают квартирные, месячные и вспомоществования, где им плохо; летят в самолёте, где им хорошо; живут там, где им плохо; и снова летят в самолёте...

Это тоже мёртвые души.

Таков конец еврейской сказки.

И совсем не смешно.

Наверное,   из-за   присказки: еврейская   сказка   стала многонациональной.

Подсчётом мёртвых душ как раз и занимается демократическая статистика.

В большой Америке у еврейской общины нет проблемы выживания, нет жизненной необходимости увеличивать общину, чтобы противостоять какой-то другой общине. Поэтому там возможна демократическая статистика, которая услаждает слух сказкой о шести миллионах евреев в этой общине, хотя в ней произошли катастрофические изменения.

Негры в Америке не бежали от своей чернокожести и размножились в десятки миллионов.

Что евреи выкарабкались из своей еврейской шкуры, рассказывают в Америке еврейские фамилии Коэн и Леви, обладатели которых точно знают, что они неевреи.

Но в государстве Израиль, где евреям противостоят арабы, применяющие против евреев всякое оружие и в том числе демократическое оружие – дикое размножение, – никакие сказки о 80% не помогут противостоять и выжить. Если это не подавляющее большинство евреев, а новый советский союз народов, которого не хотел ни один народ того союза. И который также и по этой причине развалился.

У жалких остатков мирового еврейства нет противостояния и выживания и, следовательно, не будет обвала.

14. НЕТУ ЕВРЕЕВ!

Но, может, тогда помогут в беде? Почти невероятно. Тому примером состоятельное еврейство Вавилона, которое не собралось даже вокруг Второго Храма. А что уж говорить о еврейско-демократическом государстве! Они, как и арабы, больше знают о неевреях государства Израиль, чем сами евреи государства. И предпочтут жить среди неевреев в нью-йорках, чем среди неевреев в Тель-Авиве.

К ним ещё подъедут многие евреи Тель-Авива.

А оставленный неевреям город станет посмешищем, – такой сдачи своей страны не знает человечество.

Неплохое государство построено для неевреев: на еврейской крови, на еврейских слезах, на еврейском поте, на еврейские деньги. Особенно понравится им прямое шоссе через всё государство: и какой гой не любит быстрой езды!

Чёрные, белые и жёлтые, приехавшие во Францию, с жадностью офранцузятся, и французы их проглотят, и Франция никогда не будет нефранцузской.

Так будет с любым государством, только не с Израилем:

завезённые неевреи не объевреиваются.

Неевреи вообще не объевреиваются.

Нигде и никогда.

А евреи могут проглотить только евреев.

Поэтому быть Израилю нееврейским.

Нету евреев!

Не-ту!!

В большинстве государств от евреев остались одни кладбища.

А если в них остались ещё и жалкие тысячи, у которых дедушки-бабушки были евреями, то выясняется, что никто из них не хочет быть евреем.

Никто!

Оставьте их в покое!

Не приставайте к ним!!

Пожалейте несчастных!!!

Совести у вас нет!!!!

Интересанты – евреи и неевреи – кормятся на реанимации умершего еврейства, а еврейские жулики строят синагоги, в которых нет и десяти прихожан, чтобы доказать, что вышли они из народа, а не безродные кровопийцы.

Там им куда труднее суррогаты еврейства выдавать за еврейство, а мутантов – за евреев. Гои смеются: какие вы евреи?!

Куда легче это делается здесь, в самом государстве: здесь не засмеют – здесь демократия и плюрализм.

Верующий еврей исчезает во втором-третьем поколении – ничего не остаётся: еврейская мечта – умереть на Святой Земле заменяется светлой мечтой – умереть на земле наци.

Рассказывают. В одном селении известной страны его жители раз в году напиваются в стельку. Несколько сотен лет тому назад их святых предков схватила за горло инквизиция, но и под страхом смерти они завещали своим потомкам остаться верными святыне своих отцов. И что-то осталось, и это не мало, хоть и не помнят ничего, кроме большой пьянки во имя Всевышнего.

А что остаётся от не святых предков, которым нечего завещать своим потомкам, кроме выпивки ради пьянки?!

Еврейская статистика, поскольку она недемократическая, не

подсчитывает мёртвые души, не подсчитывает и тех, кто заделались евреями одним из многочисленных способов. И уж, конечно, не считает неевреев за евреев. Её интересуют души живые, свои, еврейские.

15. ПРАЗДНИЧНАЯ СТАТИСТИКА

Но не такая демократическая статистика.

Статистический ежемесячник номер 1, на конец 2000 г.: в графе «всего» – 6,364,000, в графе «евреи» – 4,952,200.

Получается: евреи – 77,8%

Ежемесячник номер 2, на конец января 2001 г.: евреи – 77,8%.

Ежемесячник номер 3, на конец февраля 2001 г.: евреи – 77,7%.

Ежемесячник номер 4, на конец марта 2001 г. – новшество: графу «евреи» заменила графа «евреи и другие». С примечанием: «"Евреи и другие" включает евреи, другие христиане (христиане-неарабы) и лица, не приписанные ни к какой религии».

Происходит это в начале апреля 2001. Ежемесячник – предпраздничный к Дню Независимости.

И вот в нём праздничные цифры, которые ждёт всё государство: в графе «всего» – 6,397,800, в графе «евреи и другие» – 5,203,200.

Получается умопомрачительное: евреи – 81,3%!

А 24 апреля 2001 г., за день до праздника Дня Независимости, на второй программе телевидения, в пять вечера, в новостях – заставка во весь экран: «Всего – 6,400,000, евреи – 5,200,000».

Но уже без примечания, что это «евреи и другие».

И голос диктора за заставкой, бодренько: «Евреи – 81%!»

В утопиях всегда озабочены количествами: то угля-стали, то евреев.

Вот вам – скромный подарок к празднику.

Процентик-другой.

Так надо.

Сами, мол, знаете, в каком окружении живём.

И наглая ложь не воспринимается наглой.

Так надо.

До поры до времени.

В юбилейном 2018-м. (Но не в 2027-м – по разбойнику-пессимисту).

В первой утопии очень любили рапортовать к праздникам.

Гул ихнего обвала всё ещё слышен.

А вот праздничные подарки газет «Маарив» и «Йедиот ахронот»: те же праздничные цифры, что и на экране телевизора, те же праздничные 81%, но есть ещё интересные примечания.

«Маарив»: «Подобный процент евреев был во время провозглашения государства».

То есть размножение арабов побеждает сионизм, завозящий кого попало и сколько хочешь.

«Йедиот ахронот». Первое примечание: «Перед большой алиёй 90-х годов из бывшего СССР процент арабов был больше».

Иными словами, привезёнными неевреями повысили процент евреев и понизили процент арабов.

И второе примечание: «В группу евреи включены более 200,000 новоприбывших, которые неевреи».

Всего лишь только – «более 200,000» неевреев?!

Так вам и поверили!

И только новоприбывшие?

А где староприбывшие неевреи?

Перекованы в евреев?

Последняя утопия – настоящая кузница перековки всех наций в евреев.

Так в первой утопии перековывали все нации в утопистов. И не перековали. А точнее – перековали, в основном, евреев.

Русские в своей России остались русскими, татары в своём Татарстане остались татарами, узбеки в своём Узбекистане остались узбеками. Только евреи, за неимением своего Еврейстана, стали утопистами – то есть передовыми, прогрессивными.

Но, может, дело не в Еврейстане, а в самих евреях: ведь стали евреи и в своём государстве тоже утопистами.

Да почти все евреи в мире стали утопистами – передовыми, прогрессивными.

А остальные нации как были антисемитскими, так и остались.

16. ГОСУДАРСТВЕННАЯ ТАЙНА № 2

Поэтому за неимением желающих переселяться евреев (и не только поэтому!) завозятся всевозможные антисемиты, дети и внуки убийц евреев, дети и внуки полицаев, погромщиков, всевозможные убийцы, и дорожные тоже, хулиганы, алкоголики, наркоманы, извращенцы, проститутки, жулики, насильники.

Французы косо смотрят на нашествие нефранцузов. Англичан злит нашествие неангличан. Ненавистно австрийцам нашествие неавстрийцев.

Только на Святой Земле смотрят доброжелательно на нашествие неевреев.

Полна земля ими, и рады пополнению.

Один из негодяев пальцами выдавил глаза у проститутки за то, что украла у него несколько шекелей.

Услышал об этом мудрый еврей, который много пережил и ещё много будет жить, и сказал: если записано, что он еврей, надо хорошо покопаться – окажется, что он нееврей.

По количеству антисемитских выходок еврейско-демократическое государство переплюнуло большую Америку (свидетельствует «Центр информации и помощи пострадавшим от антисемитизма»). Но не доплюнула по количеству открытых дел в полиции против антисемитов – не открыто ни одного.

Не было, нету и не будет такого пережитка в передовом государстве!

Ну, прям, как в первой утопии.

Количество преступлений и антисемитских выходок среди новозавезённых является второй государственной тайной после первой государственной тайны – количества неевреев.

Лишь на третьем месте – тайна атомного оружия.

Завозные антисемиты пока набрасываются на евреев, тип которых знаком им по России. Другие белые для них пока – ненавистные иностранцы. А небелые – просто черножопые.

Антисемиты-старожилы, с европейскими манерами, и завозные,

без всяких манер, не найдут общего языка.

«Когда прибудет второй миллион, мы вам покажем», – говорят, сжимая кулак, несдержанные из первого миллиона завезённых антисемитов.

Наверное, они покажут в том числе и местным антисемитам.

17. СКОЛЬКО ЕВРЕЕВ?

Так сколько евреев в антисемитском государстве?

Один еврей решил, что он не хуже других, которые ездят от Сохнута в Россию – привозить. Всё у него было – за: сам из России больше двадцати лет, сионист, нерелигиозный, спортсмен первого разряда, знает русский, иврит, английский.

И только один недостаток – очень еврейское лицо.

Заручился рекомендациями, без этого лучше не соваться.

Включили его в группу из двенадцати человек для проверок соответствия должности посланец Сохнута.

И была одна важная проверка. Быстро ввели группу в комнату, в четырех углах которой надписи: «человек» (бен адам), «израильтянин», «сионист» и «еврей».

И быстро предложили: «Кого вы хотите привозить – идите в его угол».

Восемь пошли в угол к «человеку» (бен адам), двое – к «израильтянину», один – к «сионисту» и один – к «еврею».

К «еврею» пошёл тот самый еврей.

Самое интересное, конечно, не то, что его не приняли.

Самое интересное: кто главный архитектор младших архитекторов обвала 2018 года – Сохнута, Осло, мира сегодня, нового средневосточья, русских партий, христианских центров, славянских братств и т. д.?

Главный архитектор – ненавидящие евреев.

И их миллионы.

Их уже не остановить.

И завозят они себе подмогу.

Бывший восьмым премьер-министром, став почётным рядовым

32

и получая приз в День независимости, помечтал собрать в государстве десять миллионов евреев.

Про атомное оружие он как премьер, конечно, в курсе, а вот про евреев не очень.

Как в первой утопии догоняли призрак коммунизма, так и в последней утопии догоняют призрак сионизма.

Так сколько евреев в этом призраке?

Закон запрещает завозить неевреев. Но кто запрещает завозить детишек? Это только расисты копаются: кто они? А они такие шустрые, забавные, машут флажками. И если не мешать им совокупляться, то могут не прирезать. Как только они пересекают границу, их ушлые родители (ну, какая еврейская мать отдаст от себя своего ребёночка?!) валом напирают на шлагбаум, который открывает нееврейская пропаганда: «Кто бросит камень в них?!»

Лучший министр клиты всех лет не выдержал и закричал на всё государство, что среди завозимых 45% неевреи (поэтому-то он и лучший!).

Всем государством над ним посмеялись, показав официальные цифры: не более 5–10 %.

Прошло несколько лет, и он признался, что ошибался: на самом деле, тогда неевреев было 65%, по его мнению.

Уважаемый бывший министр снова ошибся: неевреев в его каденцию было больше.

Но это тоже ошибка, потому что «было больше» – опять же демократическая статистика.

Если евреи живут меньшинством в большом государстве и смешиваются с неевреями, то могут баловаться демократической статистикой.

Рано или поздно им исчезать.

По-тихому.

Без обвала.

Но если евреи смешиваются с неевреями в своём государстве и становятся меньшинством – не будет по-тихому.

Будет обвал.

...Гремит еврейский обвал. Сцена пустеет. Долгая тишина. Гаснет свет. Занавес опускается. Напряжённая темнота.

Вспыхивает свет. Потрясающий конец. Все встают. Взрыв аплодисментов.

Еврей хлопает. Он не знает, что он еврей...

Невозможно удалиться, отделиться, отгородиться от нееврея. Невозможно общаться с неевреем, чтобы не породниться, о чём предостерегает Тора.

Это в великом Египте нельзя было породниться с неевреем.

А в великой Америке можно породниться не только с президентом, но и с любой бабой – христианкой, японкой, мусульманкой, негритянкой, католичкой, индуской – никаких ограничений.

В мире торжествует демократия.

Последний бастион от неё – укрыться за своими границами, а границы – на замок.

Но нееврей просачивается в демократию с легкостью.

Если предположить невероятное, что в своих границах сохранившиеся евреями не смешиваются с неевреями, но если всё-таки станут меньшинством, то всё равно будет обвал.

18. СКУЧНЫЕ ЦИФРЫ ОБВАЛА

Еврейская статистика предупреждает о предстоящем обвале.

Сборник «Население 1999» центрального статистического управления, страница 2–66 и таблица 2.24, страница 4–7 и таблица 4.4:

На конец 1999 г. в Израиле «евреи и другие» (кроме мусульман, арабов-христиан, друзов) – 5,065,200. (А с учётом тех, кто в скобках, – 6,125,300.)

5,065,200 составляют:

Группа 1 – 1,392,700 – потомки живших в стране до 1948 г.

Группа 2 – 717,700 – потомки выходцев из Азии после 1948 г.

Группа 3 – 852,100 – потомки выходцев из Африки после 1948 г.

Группа 4 – 1,329,900 – потомки выходцев из Америки и Европы после 1948 г., не считая выходцев из бывшего СССР в 1990–1999 гг.

Группа 5 – 773,000 – выходцы из бывшего СССР в 1990–1999 гг.

И вот она – еврейская статистика – в зародышевом состоянии!

Но другой не будет.

Потому что еврейской статистике нет места в нееврейском государстве.

В группе 1 – на десять способных родить – четыре (4) еврейки.

В группе 2 – на десять способных родить – четыре (4) еврейки.

В группе 3 – на десять способных родить – четыре (4) еврейки.

В группе 4 – на десять способных родить – две с половиной (2,5) еврейки.

В группе 5 – на десять способных родить – одна с половиной (1,5) еврейки.

Количество евреев среди «евреи и другие»:

1,392,700 x 0,4 + 717,700 x 0,4 + 852,100 x 0,4 + 1,329,900 x 0,25 + 773,000 x 0,15 = 1,633,425

Процент евреев среди «евреи и другие»:

1,633,425 : 5,065,200 x 100 = 32%.

В 1999 году.

19. ОБВАЛ...

Это не предупреждение.

Это уже обвал.

И без вычета галахических евреев.

Ведь они неевреи.

Они галахические евреи.

Но не евреи.

Их уже увели, или уведут, или сами уведутся.

И их тьма.

И если была идише мамэ, она могла своими слезами не дать увести и спасти своего ребёночка – галахического еврея.

Но когда она ещё была – последняя идише мамэ?

И разве она спала с неевреем?

Обвал...

И без следующего миллиона из бывшего сэсэсэр, в котором на

десять способных родить будет одна (1) еврейка – половинка, четвертинка или осьмушка.

И без учёта иностранных рабочих и беженцев, многих из которых уже не вытравить никаким способом из государства.

И без учёта ещё много чего.

До обвала 2018 года относительно далеко.

Продолжится очковтирательство.

В графе «евреи и другие» припишут в евреи кого только можно и не можно и уменьшат «другие».

Возможна новая графа: «евреи и другие евреи».

Возможны массовые приёмы на стадионах десятков тысяч неевреев, иностранных рабочих, беженцев в «другие евреи» с последующим угощением на старой автобусной станции пивком.

Возможны операции, как в прошлом веке, когда бурный поток в Америку из государства, где не было «макдональдсов» и американских зарплат, повернули к себе, обманным путём, не подготовив ни «макдональдсов», ни американских зарплат (правда, «макдональдсы» потом подготовили).

Возможны операции по завозу африканских племён, которые, как стемнеет, зажигают лучины за неимением свечей, но если бы продавались в джунглях свечи, то обязательно их зажигали.

Возможно незначительное изменение в определении сущности государства, как незначительно изменение в паспорте, в котором пропало только одно слово – еврей-нееврей.

И цифры будут хорошие.

Всё это возможно, но обязательно только одно – расправа с инакомыслящими.

В первой утопии жизненно важные цифры были хорошие.

Но это её не спасло – утопистов оказалось мало – одни евреи.

И в последней утопии оказывается мало утопистов – опять одни евреи.

А их опять мало.

Да ещё не все евреи утописты.

Предпоследним призраком (идолом) евреев был призрак, который бродил по Европе, – призрак коммунизма.

Последним призраком (идолом) евреев оказывается призрак,

36

который бродит по единственному государству «нового среднего востока», – призрак демократии, в который оборотился исчезнувший призрак сионизма.

От призрака к призраку – без передыха. Чувствуется настоящий утопист. Со стажем.

Призраки-идолы уже обошлись евреям в десятки миллионов душ.

Во сколько обойдётся последний призрак-идол – выяснится после обвала 2018 года.

Но количество – дело наживное.

И в будущем еврейском недемократическом государстве при подсчёте евреев обойдутся демократической статистикой.

ПОСЛЕСЛОВИЕ

Последние сто лет евреи зыркали на бабу – стыдно сказать на что... Лучше не скажешь, чем на Тишинских и Грузинских улицах, где мелюзга, глядя на бабу сзади, подражала взрослым: «Станок хор-рош!»

Это то, что случилось с евреями.

Остальное – комментарии.

ПОСЛЕ ПОСЛЕСЛОВИЯ

Маленький еврейский мальчик.
Он не плачет, когда его обижают гоим.
Ему не больно.
У него есть тайна: внутри него – чудо.
Это его тайна.
Он не расскажет её никому.
Чужим – никогда.
Своим – не поймут.
Вся жизнь оказалась чудом.
И вдруг стало больно.

20. ПРЕДОБВАЛЬНЫЕ БУДНИ

Потом готовилась к изданию книга-трилогия: «Мой Израиль», «Мудаки», «Прощай, Израиль… или Последняя утопия».

За три дня до передачи книги в печать, 6.7.2003, было покушение на автора.

И случился 55-й год государства, 7.5.2003.

Предпраздничный номер «Йедиот ахронот»: «6,7 млн. израильтян. Еврейское население составляет около 5,4 млн. душ. Арабское население в Израиле – около 1,3 млн. душ».

Предпраздничный номер «Маарив»: «Израиль 2003: 6,7 млн. душ. В Израиле живут 6,7 млн. человек».

Смягчающих обстоятельств не будет.

Обвал.

Прошла неделя. 16.5.2003. «Йедиот ахронот», результаты опроса общественного мнения, последняя строка: «Израиль находится внизу списка государств, граждане которых полагаются друг на друга».

Еврей не полагается на нееврея.

Никогда!

И на той же странице: «300 тысяч человек заполнили вчера парк Аяркон, чтобы увидеть грандиозное представление "Из России с любовью", которое происходит четвертый год подряд и в котором выступают большие мастера русской песни. Глава правительства, присутствовавший на представлении, поднялся на сцену, сказал фразу на иврите, был принят криками "буз", тотчас перешёл на русский и сказал: "Есть у нас малюсенькое государство, но всё оно наше". Вход на представление был бесплатный, но за стопку водки брали 20 шекелей».

Время подтверждает: впереди – год 2018-й.

2000

www.ingramcontent.com/pod-product-compliance
Lightning Source LLC
Chambersburg PA
CBHW060947130726
48001CB00003B/1097